IFLA
児童図書館サービスのための
ガイドライン——0歳から18歳
改訂版

IFLA Guidelines for Library Services to Children aged 0-18

国際図書館連盟児童・ヤングアダルト図書館分科会　作成
キャロリン・ランキン　責任編集
日本図書館協会児童青少年委員会　訳

第2版（2003年刊ガイドラインの改訂版）
Ver.1.1.1

2018年6月　発行
2018年8月　IFLA承認

JN094899

日本図書館協会

IFLA Guidelines for Library Services to Children aged 0-18
Developed by the IFLA Library Services to Children and Young Adults Section
Edited by Carolynn Rankin

2nd Edition (revision of 2003 Guidelines)
Version 1.1.1

June 2018
Endorsed by the IFLA Professional Committee
August 2018

IFLA 児童図書館サービスのためのガイドライン ： 0歳から18歳 ／ 国際図書館連盟児童・ヤ
ングアダルト図書館分科会作成 ； キャロリン・ランキン責任編集 ； 日本図書館協会児童青少年
委員会訳. － 改訂版. － 東京 ： 日本図書館協会, 2020. － 39p ； 21cm. － IFLA
Guidelines for Library Services to Children aged 0-18 の翻訳. － ISBN978-4-8204-1918-1

t1. イフラ ジドウ トショカン サービス ノ タメ ノ ガイドライン a1. コクサイ トショカン レンメイ
a2. ランキン, キャロリン a3. ニホン トショカン キョウカイ
s1. 児童図書館 s2. 青少年教育 ① 016.28

謝辞

IFLA 児童・ヤングアダルト図書館分科会は，このガイドラインの再検討にかかわってくださったすべての方に感謝します。

目次

はじめに

　国際図書館連盟（IFLA）児童・ヤングアダルト図書館分科会は，児童図書館サービスのすぐれた実践例を紹介するために「児童図書館サービスのためのガイドライン」（2003 年刊）の改訂に着手した。IFLA スタンダード（IFLA のさまざまな基準）は，世界規模でその内容を検証されたうえで，出版され，定期的に改訂されている。その基準には，出版時に一般的と考えられた原則，ガイドライン，優れた事例などが反映されている。

　現在，世界中の公共図書館がおかれている状況は国によって大きく異なる。IFLA のガイドラインは，多くの児童図書館員にとって，根幹業務である本の提供や読書支援活動の推進において心強い指針となるものである。ただし，あらゆる子どもに対する理想的なサービス計画に適用できる万能の規定ではない。発展途上国・中所得国・先進工業国の間にある社会的，文化的，経済的な違いを認めたうえで，実現可能なことを示している。公共図書館はそれぞれ異なる地域社会にサービスを提供しており，それぞれ独自の優先順位や利用者の要求がある。この『IFLA 児童図書館サービスのためのガイドライン——0 歳から 18 歳』は，世界のあらゆる地域での児童図書館サービスの発展や改善に大いに役立つであろう。

　このガイドラインは，情報や識字，読書に関する子どもの要求や権利についての手引きとして，世界の図書館員が，すべての子どもに効果的な図書館サービスを提供することを推進するものである。デジタル化が進む社会において公共図書館が質の高い児童サービスを広め，現代社会において日々移り変わる役割を認識することを目的としている。

　「IFLA グローバルビジョン」*は，図書館こそが，識字，学習，読書において核となる役割を果たし，地域の人々へのサービスに力を注ぐべきであると示している。国連の「持続可能な開発のための 2030 アジェンダ」でも，教育の質やすべての人が読み書きできる世界の実現について触れている。

＊ IFLA グローバルビジョン（IFLA Global vision）
　世界各国の図書館員や専門家の議論を通じて，次期戦略計画を策定することを目的と
した取組。2017 年に開始され，2018 年に概要が発表された。

　このガイドライン改訂版は，児童図書館サービスや関連行事の計画立案・実施に携わる人に，最新の知識と専門的な見識を提供している。現場で実際にサービスを行う図書館員，その他のスタッフ，管理職，行政職員，さらに図書館情報学の学生や教師を対象としている。また，図書館の方針立案に携わる人々にも情報を提供するものでもある。こうした情報は，子どもやその家族の識字や読書のサポート活動をしている NGO 組織にも役立つであろう。

対象となる子どもの年齢

　国連の「児童の権利に関する条約」（子どもの権利条約）では，子どもを 18 歳以下と定義している。そのため，このガイドラインも，対象とする子どもを 0歳から 18 歳とした。つまり，乳幼児・児童・ヤングアダルト向けのサービスや資料が含まれる。このガイドラインにおいて，児童図書館員とは，乳幼児やヤングアダルト担当の図書館員も含むことになる。

　児童図書館は，営利を目的としない公共の場において，地域社会のすべての子どもに対し，サービスや行事を提供する。子どもの人種，宗教，性別，文化的背景，社会経済的な地位，知的・身体的能力にかかわらず，すべての子どもを対象としている。このガイドラインが対象とする子どもの年齢の幅は大変広く，子どもとおとな両方の側面をもつヤングアダルトも当然含まれる。一般的に，12 歳から 18 歳はヤングアダルト図書館サービスの範囲と考えられているが，18 歳以上まで範囲を広げている国もある。ヤングアダルトの定義は，文化的な背景や国によって異なるので，それぞれの図書館がヤングアダルトと考える範囲を決定するとよいだろう。

　また，児童図書館と学校図書館とはそれぞれ異なった使命と目的をもっている。もちろん，公共図書館と学校図書館は，どちらも子どもに図書館サービスを提供し，生涯学び続けるよう育てるという点では目的を同じくしている。し

かし，それぞれに求められる役割は異なっている。学校図書館についての詳しい情報は「IFLA 学校図書館ガイドライン」（2015 年刊）を参照のこと。

パート A
児童図書館の使命と目的

児童図書館の使命

　児童図書館は，情報・学習・文化の拠点として機能し，多文化社会の子どもやその家族，保育者や養育者にとって適切な言語で，年齢や能力に応じた適切な情報，プログラム，サービスを提供する。識字や学習，読書への支援が，この使命を達成するための核となることは，ひろく認められている。

児童図書館の目的

　児童図書館の目的は，あらゆる年齢や能力の子どもたちの教育，情報入手，人格形成のために，さまざまな情報伝達手段によって必要な資源やサービスを提供することである。子どもの自由時間での楽しみや，健康や幸福の実現を支えることも含まれる。児童図書館サービスは，子どもが多様な知識，考え，意見に触れることができるようにし，民主的な社会の発展と維持を図るという大変重要な役割を担っている。国連の「児童の権利に関する条約」は，子どもや若者への図書館サービス方針の立案や実践にとって大きな後ろ盾となる。54条からなるこの条約は子どもの生活に関するあらゆる側面について規定しており，世界の子どもたちに当然認められるべき，市民生活，政治，経済，社会，文化における権利を定めている。子どもは図書館を活用することで，情報や教育を享受する権利を行使できる。児童図書館員は，まさにその最前線に立ち，識字能力を高めると同時に，識字や読書の大切さを広く伝える重要な役割を担っている。「我々の世界を変革する：持続可能な開発のための2030アジェンダ」も世界中のだれもが識字能力を身につけることを目標としている。

　言語能力や識字，読書の能力を伸ばす機会の提供は大変重要である。児童図書館は，子どもやその家族に，図書館の資料やサービスを利用しやすくすることで，こうした能力を発展させるという重要な役割を担っている。

到達目標

・すべての子どもが情報を手に入れ，識字能力を高め，文化的に成長し，生涯学習と余暇のための創造的なプログラムを受けられるようにする。
・子どもが幅広く適切な情報源やメディアにアクセスできるようにする。
・子どもがデジタルメディア情報を活用できるようにする。
・読書や識字能力を高めることにつながる，文化的で楽しいプログラムを提供する。
・子どもや保護者，および育児に携わる人々に多様な企画を提供する。
・子どもの図書館利用を妨げるものを明らかにし，子どもの自由と安全のために声を上げる。
・子どもが自らに自信を持ち，優れた能力を持つ個人・市民となるよう促す。
・地域の人々と協働し，経済的に恵まれているか否かにかかわらず，多数派以外の人々も含むすべての子どもとその家族にプログラムやサービスを提供する。

児童図書館の管理

　管理とは，図書館の方針を立案・検証し，実際に運営することである。将来の展望，児童図書館の目的，社会にどのような変化をもたらそうとしているのかということも含まれる。よい図書館運営とは，組織が公明正大な基準にのっとり誠実に活動しているか，という点に真剣に向き合うことである。

　児童図書館が十全に機能するのに必要なサービス水準を維持するには，法的な基盤と十分な資金がなくてはならない。児童図書館の管理運営にあたる者は，予算管理，情報保護，保健衛生，安全，子どもの保護など，図書館運営にかかわる分野の法令について熟知していなくてはならない。図書館のサービス方針を立て，資源を最大限に活用するためには，財政基盤が整っていることが重要である。このことは，さまざまな資源の活用に責任をもつという，運営の別の側面にもかかわってくる。図書館の方針は，子どもとその家族に現実的な効果をもたらすものでなくてはならない。

パートB
人材──適性と知識

　児童図書館員には，幅広い能力や資質が求められる。対人対応，社会認識，チームワークとリーダーシップ，実践能力や所属組織での事務処理能力などである。職員の中に，専門的な知識と，子どもの発達や児童心理に強い関心をもつ児童図書館サービスの専門家がいることは大切である。児童図書館が効果的かつ専門的に運営されるには，十分に研修を受けた，利用者に寄り添える児童図書館員が必要である。奉仕対象地域の子どもとその家族の要望にあわせたサービスや企画の計画を立て，組織化し，運営し，評価することが求められる。さらに児童図書館員は，子どもたちが社会経済的な状況や文化，特権（privilege），言語，性的自己同一性（gender identity），性的志向（sexual orientation），能力，その他の多様性から生じる障壁を乗り越える手助けをすることも求められる。

　有能な児童図書館員には，以下の要件が求められる。
- 子どもの発達，コミュニケーション能力，言語，読み書きを含めた児童心理に関する理論と，図書館サービスに及ぼす影響を理解している。
- 確立された方法で，地域のすべての子どもとその家族の要望を把握する。
- 地域のすべての子どもの要望を満たす，楽しくて魅力的なさまざまな活動を計画し，効果的に実行し，評価する。
- 児童文学，ゲーム，音楽や映画，子ども向けデジタル・コンテンツやメディアの利用など，多様性があり，包括的であり，児童図書館にふさわしい，現代の子どもの文化に関する知識とその活用法を示す。
- 新たな科学技術，デジタル分野，SNSやブログなどのソーシャルメディア，それらが児童図書館サービスに与える影響等の最新の動向について情報を収集する。
- 子どもとその家族にとって居心地がよく，支えになる環境を整え，図書館の情報資源の活用や企画への参加を促す。
- 地域社会の参加と協力関係の構築を促進する。

- 子どもとその家族に働きかける地域の他の機関と，共通の目標を達成するために連絡をとり，協力する。
- 子どもやその家族と意思疎通をはかる。
- 児童図書館サービスの目標を設定し，計画を立て優先順位をつけて進めていく。
- 児童図書館の到達目標と優先事項を実現するために，創造力を発揮し，職員同士が協力して効果的な働き方を実践する。
- 児童図書館のサービス目標を達成するために，運営資金を得られるよう，計画を立て，管理し，評価する。
- 自己評価を行うことで，変化に順応でき，継続して専門性を高める機会をもち続ける。

　さらにくわしい資質の例については米国図書館協会の児童図書館サービス部会（ALSC）が，児童図書館員向けに 0 歳から 14 歳をサービス対象にした *Competencies for Librarians Serving Children in Public Libraries*（公共図書館・児童サービス担当職員の専門能力について）*を推奨している。米国ヤングアダルト図書館サービス協会（YALSA）は *Teen Services Competencies for Library Staff*（図書館員のティーン向けサービスにおける資質）*を出版している。
　＊上記 2 点はいずれも未邦訳。

児童図書館員の教育，成長と養成

　児童図書館サービスの質と効果は，職員の専門性にかかっており，職員は継続的に知識を深め，専門性を高めていく必要がある。ユネスコ公共図書館宣言（1994 年）では，次のように言及されている。「図書館員は利用者と資料源との積極的な仲介者である。適切なサービスを確実に行うために，図書館員の専門教育と継続教育は欠くことができない。」

　「IFLA ガイドライン　図書館員の継続的な専門性の発達：原則とベストプラクティス」（*IFLA Guidelines for Continuing Professional Development: Principles and Best*

Practices〔未邦訳〕）は，個々の図書館・情報の専門家は，知識と技術を常に向上させるために，継続的に学ぶ責任があると記述している。一方，図書館の管理者には，職員に技能を向上させるプログラムや，継続的な学びの機会を提供する責任がある。このためには，組織的な協力と，効果的な人事方針と手続きが設定され，職員研修に適切な予算と時間が配分される必要がある。熱意があり訓練を受けた専門性の高い児童図書館員を育てるためには，サービスのあらゆる分野についての教育と養成が必要である。その中には，文化的に配慮された，公平なサービスをすべての住民に行うための職員研修も含まれる。児童図書館員のライブラリアンシップ（Librarianship）については，図書館学公共図書館分野のカリキュラムに必ず含まれるべきである。

倫理基準と価値

　子どもとその家族，同僚や地域の連携機関とともに働く児童図書館員は，高い倫理基準を維持する責任がある。当該地域のすべての子どもとヤングアダルトは，その能力や背景に関わらず，平等に扱われるべきである。児童図書館員は，情報や知識，サービスへの公平で自由なアクセスに力を尽くす。このことは，「IFLA グローバルビジョン報告概要」にも示されている。児童図書館員は，文化的な資質を活かし，地域のどの子どもたちにどのように働きかけるか，どのようなプログラムを行うか，どのように資料を選び，展示し，利用に供するかを，個人的な意見や態度で決めてはならない。

　2012 年に IFLA 本部が承認した「IFLA 倫理綱領」（*IFLA Code of Ethics for Librarians and other Information Workers*）では，図書館・情報関連分野で働く人に倫理的な基準が示されており，もちろん児童図書館員もその対象となる。倫理綱領は以下の項目からなる。

・情報へのアクセス
・個人と社会に対する責任
・プライバシー，秘密性，透明性

・オープンアクセスと知的財産
・中立性と個人の誠実性，そして専門職としての技能
・同僚と雇用関係
　具体例や詳しい情報は，倫理綱領を参照のこと。

　「IFLA 情報への自由なアクセスと表現の自由に関する委員会」（FAIFE）の
諮問委員会は，世界各国の図書館員の倫理綱領を 60 以上集めている。これら
の倫理綱領は，慣例的に国立図書館や図書館協会，場合によっては政府機関に
よって承認されている。記録された知識や情報への公平なアクセスおよび知的
自由に関する基本的価値観は，「世界人権宣言」の第 19 条と，「IFLA の中心的
価値観」にも記されている。

資金調達と予算の管理，資金源

　IFLA グローバルビジョンでも，資金調達は図書館にとっての最大の課題の 1
つであるとされており，児童図書館は，政策決定者にその価値と影響について
正確に理解してもらう必要がある。児童図書館は，地域の要望に応えるサービ
スやプログラムを提供するために，適切な予算配分を受ける必要がある。この
ためには，児童図書館員が地域の状況を考慮に入れて，予算の提案を運営責任
者や外部機関に行う必要がある。適切な予算措置は，児童図書館サービスの成
功には不可欠であり，新館建設のときだけでなく，継続的に一定の水準に維持
されるべきである。運営に十分な水準の資金が長期的に保障されなければ，サー
ビス計画の策定も，利用可能な資源を最大限に生かすこともできなくなってし
まう。どのようなプログラムや企画も，「すばらしいアイディアだが，だれが
その経費を払うのか？」というところで頓挫してしまうことがある。理想とし
ては，児童図書館の職員は，上司と協力し，地域の子どもへの質の高い資料と
サービスの提供のため，予算案を練り，責任ある方策を探ることが望ましい。

　児童図書館員は，児童図書館のニーズを見極め，予算を計画する方法を知っ
ておかなければならない。そのためには以下のことが必要である。

・母体となる組織の，予算策定のプロセスを理解していること
・予算の運用サイクルを知っていること。運営費や収入予算も含め，たいてい
　1年単位で運営されることが多い。
・予算執行の説明責任を意識すること
・予算管理の責任者を知っていること

　児童図書館の予算計画の構成要素には，以下のようなものがある（ただし，これだけに限定されるものではない）。
・新しい資料（本，逐次刊行物，おもちゃ・遊び道具，マルチメディア，デジタル資料，メーカースペース*活動用の施設・設備など）

> ＊メーカースペース（Makerspace）：「ものづくり」のための設備，材料，道具を備え，人も配置している公共の場所。米国の公共図書館を皮切りに，ヨーロッパ，アジアの一部の国で広がっている。
> 参考資料：①豊田恭子「全米の図書館に広がるメイカースペースの威力」『情報の科学と技術』2017年10月，67巻10号，p.550-553　②長塚隆『挑戦する公共図書館』日外アソシエーツ，2018

・新しい機器（タブレットや端末）
・情報通信技術(ICT)設備やソフトウェアの利用やライセンスにかかる費用（母体となる公共図書館全体の ICT 予算に含まれていない場合）
・事務用品，業務管理用品
・利用促進イベントやその材料
・プログラムや活動のための資金
・広報や市場調査と分析のための資金
・職員研修と養成
・人件費
・賃料や清掃，暖房光熱費などの一般諸費
・図書館システム運用費

　職員の給与や職員研修の費用は，児童図書館の予算に組み込まれることもあるだろうし，公共図書館全体のスタッフにかかわる費用に組み込まれる方が適

当かもしれない。児童図書館員は，このような費用の積算にかかわる必要がある。人件費は，児童図書館の開館時間の長さ，提供するサービスの範囲や質に緊密にかかわるからである。

　プログラム，サービス，新たな取り組みを行ったときは，その様子を観察し，評価・反省・報告をすることが必要である。このような情報は，予算の使途とともに，年次報告に盛り込まれることもある。そうすることで，児童図書館でのプログラムや資料にかけられた費用が，目的を果たすのに十分だったか，対象とする利用者に届いたかが明らかになる。年次報告では，図書館サービスやプログラムの内容と，地域の利用者に与えた影響について説明しなければならない。

財源

　公共図書館の運営資金源はさまざまであり，各財源からの資金の割合も，各国の地域的な要素によって異なるだろう。第一の財源は，税金と地方自治体，地方政府あるいは中央政府からの定額交付金である。図書館は，プロジェクトのために，他の収入源を探すこともある。たとえば，助成団体や個人からの寄付，営業活動からの収入，利用料，協力団体からの後援などがあるだろう。市や地域，国などからの財政支援を受けていない地域図書館は，他の財源から年間を通しての資金を確保しなくてはならない。

連携協力と協働

　公共図書館は，広域に開かれた，利用しやすい基幹施設であることから，地域社会の不可欠なパートナーである。効果的で継続的な協力関係を結ぶことは，地域のいかなる状況にある子どもたちにも，最もよい施設やサービス，機会を保障する助けになる。児童図書館員は，地域の市民の社会参加を達成するために，関連機関や，生涯学習や教育の責任者と，強い協力関係を築く必要がある。組織や機関との連携は，共通の目標達成のために，指針を共同作成するなど，戦略的なレベルで行われることもある。図書館員は，伝統的に，図書館員同士

や他の専門家と協力し，地域での実践を発展させてきている。

　児童図書館員は，サービス対象となる集団について十分な知識をもち，地域社会の多様な要望に応えるよう努めなければならない。彼らは「手の届きにくい」集団にかかわることがうまく，読書や家族を交える学習，そしてそのコミュニティから示される要望に基づいて，協力関係を築くことが得意である。時とともに地域の特徴も変わるが，協力関係を築き，ネットワークを保つことは常に必要である。地域住民が主体的にかかわる体制をとれば，図書館の計画策定や意思決定への参加を呼びかけやすくなる。

　図書館員には，地域の子どもたちの要望に対応している他団体と協力関係を構築する能力が求められる。図書館サービスが地域の中の次のような機関の仕事とつながっていることを示す調査結果がある。学校，若者の支援団体，病院（医師や小児科医），保健センター，社会福祉機関，地域産業，文化や芸術団体，ボランティア団体や NPO など。このような各機関と協働することは，子どもや家族の読書推進にかかわるときや，コミュニティへ働きかける際の障壁に対処するときに，とくに効果を発揮する。

　地域の協力団体へのアウトリーチサービスは，新たな利用者や潜在的な利用者に，図書館を知ってもらう機会になる。これは，地域の子どもや家族の要望に合う，新たなよりよいサービスへの発展や提供につながる。地域の団体を巻き込むことは，児童図書館員に次のような機会を与えてくれる。

・サービス対象となる子どもたちの特徴を明確にする。
・言語的，経済的，文化的に多様な地域社会の人々の要望や優先事項を理解する。
・図書館と連携機関双方の，新たな，または既存のプログラムの広報を行う。
・すべての協力団体とよい関係をもつ。

保育園や幼稚園，その他の教育機関も，児童図書館員の重要なパートナーである。児童図書館員は，学校に向けて以下のようなさまざまなプログラムを提供するとよい。

・図書館見学
・図書館利用のオリエンテーションプログラム
・情報リテラシーの講座
・読書推進
・貸出サービス
・文化的プログラム
・宿題クラブや宿題の支援
・作家や画家，おはなしの語り手の学校訪問
・教育関係者が集まる場の提供

パートC

資料構築と管理*

＊資料には，図書以外も含む。

　児童図書館は，子どもの発達を助けるのにふさわしく，どんな年齢の子ども
の要望にも応えられるような，幅広い資料を多様な形態で提供する必要がある。
児童図書館の所蔵資料の量や内容についての普遍的な基準はない。資料とサー
ビスには，本などの伝統的な資料と同様に，あらゆる種類の適切な媒体や最新
の科学技術も含まれる。幅広い意見，価値観や視点を反映した蔵書や，インター
ネット上の資料を揃えておくことが大切である。また，その地域の特色が反映
されているとよいだろう。子どもや家族が，資料の選択にかかわることもでき
る。資料は，子どもが手にとりやすいよう，魅力的で，常に更新され，整備さ
れた状態にしておきたい。

　資料の内容は多様で，地域に適したものでなくてはならない。
（例）
・その地域で使われるすべての言語による作品
・地元の作家や画家による作品
・地元の学校の要望を支える資料

　多様性を表すのは次のような資料である。
・性別（ジェンダー），能力，社会的経済的背景，性的志向，家族構成等の多様
　性を包含するもの
・性別や人種の表現においてバランスがとれているもの

　資料構築の参考となるもののひとつが，IFLA のプロジェクトで，各国の図
書館員が選んだ絵本のセット「絵本で知る世界の国々」*である。
　＊「絵本で知る世界の国々」
　　2011 年に始まった IFLA 児童・ヤングアダルト図書館分科会のプロジェクト。各国の図

書館員が自国の絵本を 10 冊 ずつ推薦，ブックリストは IFLA 児童・ヤングアダルト図書館分科会のウェブサイトで閲覧できる。絵本セットは日本（国立国会図書館国際子ども図書館）とフランスに寄贈され，展示用に貸出されている。(https://www.ifla.org/files/assets/hq/publications/professional-report/136.pdf)

地域のすべての子どもが，世界や地域の文化を反映した質の高い，新しい作品や情報資源を選べるよう，図書館の資料をたえず見直し，発展させていくことは重要である。多様性を映す資料には，多文化資料や，障害のある子どもや性的少数者（LGBTQ+）の子どものための資料，友だちをつくりいじめに立ち向かう勇気を与えてくれる資料などがある。障害のある登場人物が出てくる物語は，障害のある子どもに自信を与え，物事を前向きにとらえる助けとなったり，他の子どもには，自分が体験し得ない人生経験に目を向けたりするきっかけとなるだろう。

一般的な図書館では，次の分野の資料を揃えることが望ましい。ただし，これがすべてを網羅しているわけではない。
・各年代に適したフィクションとノンフィクション
・レファレンスサービス資料
・地域の主要言語で書かれた資料
・地域の少数派言語で書かれた資料
・コンピューターゲーム
・おもちゃ
・ゲームやパズル
・楽器
・学習用資料
・オーディオブック
・触れたり匂いを嗅いだり音を聞いたりできる資料
・赤ちゃんのためのトレジャーバスケット*

トレジャーバスケット

＊トレジャーバスケット：赤ちゃんが自由にさわって遊べるように，森・林・海岸などで拾った松ぼっくり・木の実・貝から，身近にある木製のスプーン・しゃもじなどの

　　日用品を入れてあるバスケット。
　＊イラストは英語版にはありません。内容を補足するため，許可を得て掲載しました。

・メーカースペース活動でのプログラミング用機器，道具，材料
・地域の他機関との連携事業による，発展的な学びのための資料（たとえば手
　話の DVD や点字図書など）の相互貸借。

形態

　資料は多様な形態で提供されなければならない。次にあげる媒体は，児童図
書館の所蔵資料に含まれるべきものだが，網羅的ではなく，今後より新しい形
態のものも利用できるようになるだろう。

・物理的形態（印刷物およびパッケージ電子資料）
　　図書，オーディオブック，漫画，雑誌，CD，DVD，コンピューターゲーム，
　点字資料などを含む
・デジタル形態（デジタルメディア）
　　音楽や，映画のインターネットストリーミング＊，電子書籍（e ブック），
　教育または娯楽のためのソフトウェア，データベース（地域に関するものや
　グローバルな教材）
　＊ インターネットストリーミング：インターネット上の動画など大量のデータをリアルタ
　　イムで受信再生する技術

資料構築と管理基本方針

　公共図書館は，運営機関によって認められた児童図書館サービスのための資
料構築及び管理の明文化された基本方針をもたねばならない。その方針は子ど
ものための図書館資料の構築と管理について一貫した取り組みを保障するもの
でなければならない。方針の表明は，将来計画の基礎となり，とりわけ，資金
配分において優先順位を決める助けとなる。公式の運営方針をもつことは，図
書館が利用者・管理者・財源とのかかわりにおいて事例を蓄積する助けとなる。
また，組織の明確な目標達成に向けて責務を果たす支えとなる。資料構築のた
めのさらなる情報については『IFLA 公共図書館サービスガイドライン　第 2
版　理想の公共図書館サービスのために』第 4 章を参照のこと。

物理的情報資源とデジタル情報資源

　児童図書館の物理的情報資源とデジタル情報資源には，設備，機器，および所蔵資料が含まれる。可能な限り，資料や情報はダウンロードできることが望ましい。図書館のウェブサイトとデジタルコンテンツは WCAG2.0 * に適合していなければならない。設備とサービスの利便性を評価するため，支援技術 * を扱う専門家に協力を求めるとよい。

> ＊ WCAG2.0：Web Content Accessibility Guidelines 2.0
> 　ウェブアクセシビリティ基盤委員会による，ウェブページにある情報や機能の利用しやすさについてのガイドライン。
> ＊ 支援技術（Adaptive technology）
> 　図書館利用に障害がある人の必要に応じて，資料の形態や，機器などを対応させる技術。大活字本，拡大モニター，マルチメディア DAISY，障害者向けキーボードやマウスなどがある。

　児童図書館員は，子どもが図書館でより多くの資料を使えるように，印刷物を読むことに困難のある人たちを支援する専門図書館との連携や，自宅配送のような方法も検討することが望ましい。このような専門図書館は，特別仕様の使いやすい目録や，デジタル資料を提供していることもある。

児童図書館の科学技術

　児童図書館員は，子どもとヤングアダルトがデジタル機器や情報を使いこなす技能を育てる手助けができる。児童図書館は，読むことや学ぶことを助ける新しい科学技術を取り入れるのにふさわしい場所になり得る。科学技術は多くの子どもにとって，刺激的で，楽しく，おもしろいものである。図書館は，子どもたちが科学技術を利用して資源と情報にアクセスするとともに，その情報を的確に評価する方法を学ぶ場所であってほしい。親と養育者，教育者は，子どもの技能向上を助けるために，図書館が提供する科学技術の使い方だけでなく，何を選択すべきかなど，安全についての指導と案内を受けることが望まれる。子どもとヤングアダルトのデジタル機器を使いこなす能力を把握し，適切に情報を活用するプログラムを実施するための情報収集も必要であろう。

　図書館員は，安全な場所としての図書館の役割を奨励し，子どもとヤングアダルト，彼らの親や養育者が，安全にインターネットを活用できるよう，利用案内を行う立場にある。図書館職員は，デジタルメディアの使い方を教える知識と技術をもっていなければならない。IFLA 児童・ヤングアダルト図書館分科会の「図書館におけるソーシャルメディアと児童ヤングアダルトに関する宣言－安全・プライバシーとオンライン行動」(*Statement on Social Media, Children and Young Adults @ the Library - Safety, Privacy and Online Behavior* ［未邦訳］) に手引きが掲載されている。デジタルリテラシーについての講座や個別相談は，フェイクニュース，ネット上のいじめ，虐待やヘイトキャンペーンなどの問題について子どもたちに教える助けとなる。

　児童図書館は，図書館の大人向け部門と同程度に，IT 設備を使いやすい環境になっていなければならない。OPAC，マルチメディアコーナー，インターネット利用コーナー，図書館内での利用及び貸出のためのタブレット端末とさまざまなソフトウェアを準備することが望ましい。図書館は高速インターネットアクセスのための重要な拠点である。図書館員は，各地域の子どものインターネットへのアクセスについて法的側面にも配慮しなければならない。

　コンピュータや，他のデジタル機器とインターネットの無料利用は，家庭でこれらの機器を持たない人と，持っている人の格差を縮める助けとなる。子どもが家庭でインターネットを使えない場合，資料情報を子ども用の機器にインストールするか，または，すでにインストールされた機器を借りられるようにするとよい。ダウンロード可能な資料情報は，スマートフォンやアクセス機能のあるタブレット端末などで利用できることが望ましい。これらの機器を使えれば，高価な専門機器も必要なく，障害をもつ子どもたちも同じようにアクセスできるようになる。3D プリンターなどの機器を備えた図書館では，だれでも自由に道具や材料を使ってものづくりを試してみることができる。

パートD
プログラムの立案と地域へのアウトリーチ活動

　効果的なプログラムや地域へのアウトリーチ活動には，変化する地域社会の人口構成や多様性を反映した計画が必要である。このために，地域社会の住民の構成，人口動態を把握しておく必要がある。児童図書館員は，その地域の声に耳を傾け，要望を満たすサービスやプログラム，資源を提供することで，多様性や包括性，社会の公平性に貢献することができる。

　図書館員には利用者を観察し，話を聞き，適切なサービスを計画することが求められる。

　公共図書館は，とくに，子どもが読書習慣を身につける過程で手助けし，本や他のメディアの利用をすすめる責任がある。児童図書館は，子どもに読書の喜びや，知識を発見し新しいことを知るおもしろさ，想像する楽しさを体験する機会を提供できる。図書館員は子どもと親や保護者が，図書館を上手に利用し，印刷された資料を活用する方法や，電子メディアを扱う技術を身につけるよう，支援すべきである。児童図書館員は仲介役となって子どもに自信をもたせ，読書の楽しみを体験し，子ども同士で読書体験を共有する機会をつくることで，読者としての成長を促す。

　児童図書館は，すべての子どもに向けて，ストーリーテリングや，自館のサービスや資料をもとにした活動などを行うとよいだろう。読書クラブで活動をしたり，互いに教えあう機会をもったり，インターネット上での共同作業を行うなど，子どもとヤングアダルトが一緒に何かを作り上げる活動に参加してもらうことも大切である。

　活動とプログラムには次のようなものがある。
・図書館利用案内
・情報リテラシーと家族を交えた関連の催し
・読書推進と読者の育成

・貸出サービス

・読書クラブ

・文化的プログラム

・宿題クラブ

・作家・画家の講演会や，おはなし会

・LGBTQ+ プログラム（性的マイノリティの人を招いたおはなし会など）

・赤ちゃんや幼児のわらべうたの会

・手工芸の活動

・プログラミングイベント

・メーカースペース活動

・創造的遊び

・音楽や演劇のイベント

　地域へのアウトリーチを促進するために，図書館は地域のすべての住民への
サービスを保障しなくてはならない。この中には，障害のある子どもたち，移
民，難民，差別されて生きてきた人たちも含まれる。図書館は障害者の団体な
どに，利用できる資料や図書館サービスの利用方法について情報を提供し，プ
ログラムの開発や展開に協力してもらうことも検討するとよいだろう。図書館
員が教育者と連携をとるのもよい。教育者が子どもたちのディスレクシア（識
字障害）や自閉症などの学習障害に最初に気づく場合も多いからである。利用
しやすさに関する情報は，図書館のウェブサイト，利用を呼びかけるチラシや
パンフレットに掲載するとよい。プログラムや催しに参加する子どもが障害を
もっているか否か，一見してわからないことも多いので，すべてのプログラム
や活動は，包括的な内容にすることが望まれる。

パートE
空間デザインと居心地のよい場所の設計

　図書館の中には，児童サービスに最も適した場所があるはずである。図書館の建物では，地域社会のあらゆる年齢層へのサービスが提供されている。児童サービスには，館内で最もよい場所を割り当てなくてはならないし，専用スペースをもつことが望ましい。すぐにわかるところにあり，図書館の他の場所からはっきりと分かれているとよい。

　児童図書館の空間は，現在と将来のことをよく考えたうえでデザインされなくてはならない。収納スペース，職員の配置，予算とともに，図書館職員が管理する必要がある。また，異なった年齢層の要求に応えるとともに，さまざまな種類の行事にも対応できる必要がある。たとえば，ひとりで本を読んだり勉強したりするとき，親子や十代の子どもたちが特定の活動で使うとき，また，おはなし会，乳幼児向けのわらべうたの会，宿題クラブ，作家の講演会などの大きなイベントを開催するときなどが考えられる。

　図書館は，特定の年齢層の子どもを対象としたさまざまなサービスや施設を提供することで，子どもとヤングアダルトをひきつけることができる。そのためには，図書館はどんな年齢の子も足を踏み入れたくなるような空間，つまり心ひかれる魅力があり，知識欲を掻き立てられ，怖くない場所だと感じられるように設計する必要がある。児童図書館は，人が出会い，遊び，交流しあう場所である。安全で配慮が行き届き，居心地がよい場所では，多様な意見が交わされる。心地よい空間がありデザインがよければ，子どもたちは，さまざまな図書館資源に触れたり，読書したりしながら，ゆっくり時間を過ごすことができる。子どもは本や読書によって，言葉や文学に触れ始めるのだから，子どもが本に触れ，おはなしに耳を傾けることができる時間と空間が必要なのである。

　児童図書館の規模やデザインについて，どこにでも当てはまる基準はない。

以下に，子どものための図書館施設の計画において考慮すべき点を列挙する。

・図書館の中心的な場所，できれば1階にあること
・図書館を利用する年齢層に適したデザイン
・特別な支援を必要とする利用者も含む，あらゆる利用者に適したデザイン
・適切な大きさのスペース——図書，新聞，雑誌，非印刷媒体（CD や DVD など）の開架スペース，書庫，閲覧席，コンピューター利用コーナー，展示スペース，図書館員が作業する場所等
・さまざまな行事等に柔軟に対応できること：音楽，劇，おはなし会，学習，デジタル機器の講習会等，幅広い活動に使用できて，配置換えができること
・適切な案内表示
・授乳・おむつ替えスペース
・家族連れにやさしい，また，性別に関係なく利用できるトイレ
・年齢層に応じた騒音への対策
・適切で十分な照明：自然光・人工照明
・適切な室内温度（例：エアコン，ヒーター）：一年を通して働きやすい環境
・子どもへの安全対策基準を満たした空間と設備

年齢層

　子どもたちを均一な集団としてとらえることはできない。子どもの能力や才能ならびに要望は，年齢，文化，社会・経済的な要素によって異なってくる。空間や設備の計画には，この視点は大切である。児童図書館サービスは，赤ちゃんからヤングアダルトまで，幅広い年齢や能力の子どもを対象とするため，空間や設備も多様な要求に対応できるものでなくてはならない。

　子どもとヤングアダルトのための図書館の空間デザインには専門家の知識と技術が必要である。最も大事なのは，子どもの行動や，情報要求についての知識である。若者も含めたさまざまな年齢の多様な子どもたちに見合った空間を創り出すことはとても難しい。子どもたちが図書館に求めるもの，期待するも

のは，1人1人の生活体験，社会・教育そして文化的な影響によって変わってくる。子どもは，成長するにつれ，独立心が増し，社会的な交流に関心をもつようになるので，図書館にはネットワークづくりや交流の場，楽しく読書できる環境づくりが求められる。

施設・設備

児童図書館は，まず入ってみたくなる空間であることが大事であり，居心地のよさは重視したい。館内の机や椅子，その他の設備は，激しい摩耗や消耗に耐えうるものでなくてはならない。図書館としては壊れにくく，修理しやすい電子機器や設備を探して購入する必要がある。10代の子どもには，ソファー，コーヒーテーブル，ビーンバッグチェア*などカジュアルな家具が親しみやすいであろう。

ビーンバッグチェア

　*イラストは英語版にはありません。内容を補足するため，
　許可を得て掲載しました。

資料展示は，人をひきつけるような,魅力的なものにしたい。また開架スペースは異なる設備機器に対応でき，かつ，子どもたちが手にとりやすいよう，低い位置にすることが，児童部門全体において大切なことである。ただし，書架の高さをまちまちにすると，一部の子どもやおとなには便利かもしれないが,すべての人にそうであるとはかぎらなくなる。この問題の解決策として，収納と展示を大胆に変えてみる方法がある。図書館のあちこちで定期的に展示替えすることで，利用者が目にとめ，手をのばせる本を増やすと，資料選択の幅がひろがる。できるだけ多くの書架を低くすると,だれでも本が選びやすくなる。

照明

照明は，図書館空間の雰囲気や見た目といった印象に影響を与える。自然光と人工照明をうまく組み合わせるとよい。多くの人は自然光の下で読書することを好む。学習スペースや，静かに思考をめぐらす空間には，異なった質の光

が求められる。ティーンエイジャー向けのコーナーではさまざまな雰囲気の照明を使うことが多い。

案内表示

　案内表示は，児童図書館での子どもとのコミュニケーションにおいて重要である。その地域で使われる言葉でやさしく表現してあると，利用者はより居心地よく感じる。何が館内で利用できるかをイラストや記号で示すピクトグラムのような表示は，強い印象を残すデザインでなくてはならない。「マカトンサイン」（イギリスで手話を基に考案された，手の動きの表示や記号で，会話や言語，識字能力を育てる言語プログラム）も，すべての子どもやその家族が簡単に情報資源にアクセスする助けになる。

利用しやすさ

　ユニバーサルデザインの視点を取り入れることで，施設はあらゆる利用者にとって使いやすくなる。

衛生と安全

　児童図書館は安全な場所でなくてはならない。また，職員は衛生や安全に関する地域の法令を知っている必要がある。

利用者の意見を取り入れる
——子どもやヤングアダルトも参加した図書館の空間設計

　新しい図書館計画の立案に利用者が参加することは大切である。図書館の空間設計において，子どもやヤングアダルトに相談したり意見を聞いたりすることで，図書館員はより創造的になることができる。

　革新的な図書館員には，子どもやヤングアダルトの意見に耳を傾けながら，新しい図書館空間を創り出す責務がある。

●デンマークの公共図書館プログラム——斬新なデザインの優れた事例として
デンマークの図書館情報学の研究者ドーテ・スコット＝ヘンセン（Dorte
Skot-Hansen），ヘンリク・ヨコムセン（Henrik Jochumsen），カスパー・ヴィニゴー・
ラスムセン（Casper Hvenegaard Rasmussen）は，公共図書館を，図書を収集し
て利用者をただ待つだけの受動的な場所から，積極的に体験し，新しいアイディ
アに触れることができる地域の交流拠点へと変貌させる概念を紹介している。
この概念図では，図書館は4つの空間（インスピレーションの空間，学びの空
間，出会いの空間，パフォーマンスの空間）が重なりあい，補いあって構成さ
れている。これら4つの空間設定の全体的目的は，今後公共図書館が，以下の
4つの目標を達成することにある。

・体験
・かかわり合い
・エンパワーメント（能力を高める）
・変革

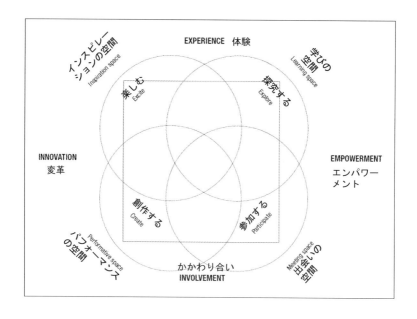

4つの空間は物理的な「部屋」として目に見えるものではなく，現実の図書館にもインターネット上の図書館にも適用できる。

このモデルは以下のような場合に活用できる。

・図書館の設置計画や再整備，設計，改築するときの手段として

・図書館を発展させる手だてとして　例：地域との連携など

・図書館計画や方針をつくるときの，運営と対話の手段として

・（地域の）首長や議員などに図書館の役割を説明する場合の例として

・民主的な社会が持続的に発展するために図書館が果たす役割を話し合うときの出発点として

パートF
マーケティングと利用促進

　児童図書館員は，国と地方自治体の首長等に対して，図書館が読書や読み書き能力の向上に影響力と価値があることを証明し，図書館の意義を強く訴えなくてはならない。

　児童図書館員は自分たちの地域社会に焦点を当て，子どもやヤングアダルトに図書館資料やサービスを普及・促進することができる。読書と読み書き能力は21世紀の社会において不可欠であり，その価値はますます高まっている。マーケティングの手法を使えば，児童図書館員は，利用者が何を必要としているかに気づき，その要望を満たす効果的な計画を立てることができる。また，図書館のサービスと資料を子どもたちと地域に普及させることが大切である。子どもやヤングアダルトにも，彼らが興味をもち価値があると考える図書館サービスや資料の宣伝を手伝ってもらったり，ボランティアをしてもらったりすることができる。

　マーケティングとは利用者の要望を予測し，それを満たすことである。利用者に手を差しのべ，つながりを構築することでもある。図書館を使う習慣がない，あるいは読書の文化を持たない集団や個人に効果的に手を差しのべるには，図書館職員の努力と創造力が必要である。児童図書館員は，図書館に来ない人をただ待つのではなく，アウトリーチ活動に積極的に取り組むことが大切である。

　児童図書館が，図書館や資料の利用促進や市場調査と分析の計画を立てるときには，対象となる利用者に一番合う方法を考えることが重要である。その手段には，以下のようなものがある。
・紙媒体，電子媒体，通信媒体の積極的な利用
・子ども，ヤングアダルト，その家族とつながるための（SNS，ブログなど）ソーシャルメディア利用

- コーナー展示および展示会
- 効果的な館内・館外の案内表示
- 図書館資料のリストとパンフレットの定期的な発行
- 読書・読み書きのキャンペーンや，オーサービジット
- 身体や感覚に障害をもつ子どもたちの要望を満たすためのキャンペーンの企画
- 本の展示などの催し・イベント
- 図書館週間記念行事およびその他の集会
- 公的な場での発表の機会や，地域のグループとの連携

　このリストは網羅的なものではなく，それぞれの地域の状況に応じて，他の調査方法や利用促進活動をすることもできる。

パートG
評価と影響力

　評価は図書館サービスを行ううえで基本的かつ不可欠な要素であり，計画の立案において，きわめて重要である。戦略を練り，計画を立て，評価することを継続して繰り返すには，時間も費用も必要である。適正な基準をもとに分析された場合には，プログラムやサービスを改善する手がかりとなり，図書館の運営方針に資することができる。評価は，あらかじめ決められた目標と結果に結びつけて考える必要がある。児童図書館サービスやプログラムの評価は，地域社会の子どもの要望を満たしているかどうかを判断するのに役立つ。評価を始める前に，図書館が将来展望や価値観に則した大きな目標を明確にしていることが大切である。達成目標，調査項目や調査のために集めるべき情報，判断基準をもつことが，評価の質の向上に役立つ。

　利用者研究と図書館調査から利用者の要望と行動を把握することは，図書館や，情報処理サイクルのさまざまな段階で使用できる。その第一歩は，達成すべき目標を明確にし，どのような情報をなぜ根拠とするかを考えることにある。子ども向けの催しや，サービスの成否を判断するには，質的調査と量的調査の両方を行うとよい。

　「IFLAグローバルビジョン報告概要」によると，図書館は地域社会の要望をよりよく理解し，効果的なサービスを考えることができる。図書館は，支援者と地域社会に，児童サービスの価値と影響力を正しく理解してもらう必要がある。実施したプログラムや運営方針について，その影響力を評価することにより図書館の存在がどのような影響を与えたかを示すことができる。このような評価で大切なのは，図書館サービスやプログラムが子どもや地域社会に与えた効果である。図書館・情報分野についての国際基準は数多くある。「図書館の影響評価のための方法と手順 ISO 16439:2014」は，図書館の与える効果の測定方法と，図書館の価値についての手引書になっている。これは，図書館の評価基準に対する世界的な要望に応えて開発されたものである。

　児童図書館のプログラムの評価案を計画する際に，いくつか考慮すべき実際的な質問を以下に示す。
・何を評価するか
・どのような根拠が必要か
・評価を行うのはいつが最適か
・企画の実績を判断する基準は何か
・どのような成果に達したら，プログラムが成功したといえるか
・一定期間，比較調査を行う場合，調査の手順は簡単に再現できるか
・得られた根拠に基づいて，どのような結論が導き出せるか
・調査結果を改善にどのように活かすか

　「IFLA 図書館と持続可能な開発目標：物語るための手引き」(*The IFLA Libraries and the Sustainable Development Goals: a storytelling manual*［未邦訳］)は，図書館員と図書館支援者が意見を表明するときに役立つ手引きである。児童図書館の活動，プロジェクト，プログラムや，それが地域社会に与える影響，あるいは国連の「持続可能な開発目標」(SDGs)への貢献について，インターネット上で共有する方法が紹介されている。

参考資料

このガイドラインの文中で言及している情報の一覧です。

ALA Competencies for Librarians Serving Children in Public Libraries (2015) （米国図書館協会・児童図書館サービス部会「公共図書館・児童サービス担当職員の専門能力について」）http://www.ala.org/alsc/edcareeers/alsccorecomps

IFLA Access to libraries for persons with disabilities - Checklist / By Birgitta Irvall and Gyda Skat Nielsen. The Hague, IFLA Headquarters, 2005. (IFLA Professional Reports: 89)
https://www.ifla.org/files/assets/hq/publications/professional-report/89.pdf

IFLA Code of Ethics for Librarians and other Information Workers (2012) 「IFLA 倫理綱領」
http://www.ifla.org/files/assets/faife/news/IFLA%20Code%20of%20Ethics%20-%20Short.pdf

IFLA The Public library service: IFLA/UNESCO guidelines for development / [International Federation of Library Associations and Institutions]. 2001. Ed. for the Section of Public Libraries by Philip Gill et. al.München: Saur. (IFLA publications; 97)
http://www.ifla.org/files/assets/hq/publications/archive/the-public-libraryservice/publ97.pdf

IFLA Global Vision Report Summary: Top 10 Highlights and Opportunities (2018)
「IFLA グローバルビジョン報告概要」
https://www.ifla.org/files/assets/GVMultimedia/publications/gv-report-summary.pdf

IFLA Guidelines for Continuing Professional Development: Principles and Best

Practices (2016)「IFLA ガイドライン　図書館員の継続的な専門性の発達：原則とベストプラクティス」

https://www.ifla.org/files/assets/cpdwl/guidelines/ifla-guidelines-for-continuing-professional-development.pdf

IFLA Guidelines for Library Services to Persons with Dyslexia - Revised and extended 2014

https://www.ifla.org/files/assets/lsn/publications/guidelines-for-library-services-topersons-with-dyslexia_2014.pdf

IFLA Libraries and the Sustainable Development Goals: A Storytelling Manual (2018)「IFLA 図書館と持続可能な開発目標：物語るためのマニュアル」

https://www.ifla.org/files/assets/hq/topics/libraries-development/documents/sdgstorytelling-manual.pdf

IFLA School Library Guidelines (2015)「IFLA 学校図書館ガイドライン」
https://www.ifla.org/files/assets/school-libraries-resource-centers/publications/iflaschool-library-guidelines.pdf

IFLA Statement on Social Media, Children and Young Adults @the Library - Safety, Privacy and Online Behavior (2015)　「図書館におけるソーシャルメディアと児童ヤングアダルトに関する宣言－安全・プライバシーとオンライン行動」

https://www.ifla.org/files/assets/libraries-for-children-andya/publications/social_media_children_and_young_adults.pdf

IFLA The World Through Picture Books (2015)「絵本で知る世界の国々」
https://www.ifla.org/node/6718

International Standard (ISO) 16439 2014 Information and Documentation: Methods

and Procedures for Assessing the Impact of Libraries. London: British Standards Institution
「図書館のインパクト評価のための方法と手順 ISO 16439:2014」
https://www.iso.org/standard/56756.html

United Nations (2015) Transforming our world: The 2030 agenda for sustainable development.　国連「我々の世界を変革する：持続可能な開発のための 2030 アジェンダ」
https://sustainabledevelopment.un.org/post2015/transformingourworld

United Nations Convention on the Rights of the Child
国連「児童の権利に関する条約」
https://downloads.unicef.org.uk/wp-content/uploads/2010/05/UNCRC_united_nations_convention_on_the_rights_of_the_child.pdf?_ga=2.85656529.912118185.1528787806-357630985.1527926324

Universal Declaration of Human Rights「世界人権宣言」
https://www.ohchr.org/EN/UDHR/Documents/UDHR_Translations/eng.pdf

Young Adult Library Services Association (YALSA) Teen Services Competencies for Library Staff　米国ヤングアダルト図書館サービス協会「図書館員のティーン向けサービスにおける資質」
http://www.ala.org/yalsa/sites/ala.org.yalsa/files/content/YALSA_TeenCompetencies_web_Final.pdf

Contact for review and consultation : Dr. Carolynn Rankin
ご意見・ご質問はキャロリン・ランキン博士まで
carolynn.rankin@gmx.co.uk

日本語版補足

IFLA 児童・ヤングアダルト図書館分科会による既刊のガイドラインは以下の
とおり。

・IFLA Guidelines for Children's Library Services
　2003 年刊行
　邦訳は
https://www.ifla.org/files/assets/libraries-for-children-and-ya/publications/guidelines-
for-childrens-libraries-services-jp.pdf
および
https://www.kodomo.go.jp/about/publications/guideline.html
で閲覧可能。

・IFLA Guidelines for Library Services to Babies and Toddlers
　2007 年刊行
　邦訳は『IFLA 乳幼児への図書館サービスガイドライン』（日本図書館協会,
2009）として出版されている。
https://www.ifla.org/files/assets/hq/publications/professional-report/100-jp.pdf
でも閲覧可能。

・IFLA Guidelines for Library Services for Young Adults (Revised)
　2008 年刊行
　邦訳は『IFLA ヤングアダルトへの図書館サービスガイドライン 2008 年』（日
本図書館協会, 2013）として出版されている。
https://www.ifla.org/files/assets/libraries-for-children-and-ya/publications/guidelines_
ya_jp.pdf
でも閲覧可能。

翻訳チーム：護得久えみ子，鹿野詩乃，島弘，鈴江夏，高橋樹一郎，二井治美，依田和子ほか
イラスト協力：矢野ひかる
※翻訳・刊行については国際図書館連盟（IFLA）の許諾を得ています。

IFLA 児童図書館サービスのためのガイドライン——0歳から18歳
改訂版

2020年3月30日　初版第1刷発行
定　価：本体700円（税別）

編　者：国際図書館連盟児童・ヤングアダルト図書館分科会
責任編集：キャロリン・ランキン
翻訳者：日本図書館協会児童青少年委員会
発行者：公益社団法人　日本図書館協会
　　　　〒104-0033　東京都中央区新川1-11-14
　　　　Tel 03-3523-0811 ㈹　Fax 03-3523-0841
印刷所：㈱丸井工文社

JLA201930　ISBN978-4-8204-1918-1　　　　　　　　　Printed in Japan
本文用紙は中性紙を使用しています